Dieses Buch gehört:

....

....

Die lustigen Bubengeschichten

von Wilhelm Busch

Vorwort

Ach, was muss man oft von bösen
Kindern hören oder lesen!
Wie zum Beispiel hier von diesen,
welche Max und Moritz hießen.
Die, anstatt durch weise Lehren
sich zum Guten zu bekehren,
oftmals noch darüber lachten
und sich heimlich lustig machten.
Ja, zur Übeltätigkeit,
ja, dazu ist man bereit!
Menschen necken, Tiere quälen,
Äpfel, Birnen, Zwetschken stehlen.
Das ist freilich angenehmer
und dazu auch viel bequemer
als in Kirche oder Schule
festzusitzen auf dem Stuhle,
aber wehe, wehe, wehe,
wenn ich auf das Ende sehe!
Ach, das war ein schlimmes Ding,
wie es Max und Moritz ging.
Drum ist hier, was sie getrieben,
abgemalt und aufgeschrieben.

Erster Streich

Seht, da ist die Witwe Bolte,
die das auch nicht gerne wollte.

Mancher gibt sich viele Müh'
mit dem lieben Federvieh.
Einesteils der Eier wegen,
welche diese Vögel legen.
Zweitens: weil man dann und wann
einen Braten essen kann.
Drittens aber nimmt man auch
ihre Federn zum Gebrauch.
In die Kissen und die Pfühle,
denn man liegt nicht gerne kühle.

Ihre Hühner waren drei
und ein stolzer Hahn dabei.
Max und Moritz dachten nun:
Was ist hier jetzt wohl zu tun?

Ganz geschwinde, eins, zwei, drei,
schneiden sie sich Brot entzwei,
in vier Teile, jedes Stück,
wie ein kleiner Finger dick.

Diese binden sie an Fäden,
übers Kreuz, ein Stück an jeden,
und verlegen sie genau
in den Hof der guten Frau.

Hahn und Hühner schlucken munter
jedes ein Stück Brot hinunter,
aber als sie sich besinnen,
konnte keines recht von hinnen.

In die Kreuz und in die Quer
reißen sie sich hin und her,
flattern auf und in die Höh',
ach herrje, herrjemine!

Ach, sie bleiben an dem langen,
dürren Ast des Baumes hangen.
Und ihr Hals wird lang und länger,
ihr Gesang wird bang und bänger;
Jedes legt noch schnell ein Ei,
und dann kommt der Tod herbei.

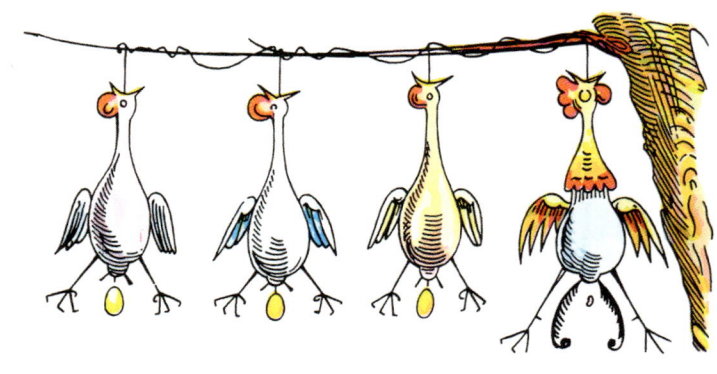

Witwe Bolte in der Kammer
hört im Bette diesen Jammer;

Ahnungsvoll tritt sie heraus;
Ach, was war das für ein Graus!
„Fließet aus dem Aug', ihr Tränen!
All mein Hoffen, all mein Sehnen.

Meines Lebens schönster Traum
hängt an diesem Apfelbaum!"

Tiefbetrübt und sorgenschwer
kriegt sie jetzt das Messer her.
Nimmt die Toten von den Strängen,
dass sie so nicht länger hängen,
und mit stummen Trauerblick
kehrt sie in ihr Haus zurück.
Dieses war der erste Streich,
doch der zweite folgt sogleich.

Zweiter Streich

Als die gute Witwe Bolte
sich von ihrem Schmerz erholte,
dachte sie so hin und her,
dass es wohl das Beste wär´,
die Verstorb´nen, die hienieden
schon so frühe abgeschieden,
ganz im Stillen und in Ehren
gut gebraten zu verzehren.
Freilich war die Trauer groß,
als sie nun so nackt und bloß
abgerupft am Herde lagen,
sie, die einst in schönen Tagen
bald im Hofe, bald im Garten
lebensfroh im Sande scharrten.

Ach, Frau Bolte weint aufs Neu,
und der Spitz steht auch dabei.

Max und Moritz rochen dieses;
„Schnell aufs Dach gekrochen!", hieß es.
Durch den Schornstein mit Vergnügen,
sehen sie die Hühner liegen.

Die schon ohne Kopf und Gurgeln
lieblich in der Pfanne schmurgeln.

Unterdessen auf dem Dache
ist man tätig bei der Sache.
Max hat schon mit Vorbedacht
eine Angel mitgebracht.

Eben geht mit einem Teller
Witwe Bolte in den Keller,
dass sie von dem Sauerkohle
eine Portion sich hole,
wofür sie besonders schwärmt,
wenn er wieder aufgewärmt.

Zwar der Spitz sah es genau,
und er bellt: Rawau! Rawau!

Schwupdiwup, da wird nach oben
schon ein Huhn heraufgehoben.
Schwupdiwup, jetzt Num´ro zwei.
Schwupdiwup, jetzt Num´ro drei.
Und jetzt kommt noch Num´ro vier:
Schwupdiwup, dich haben wir!

Aber schon sind sie ganz munter
fort und von dem Dach herunter.
Na! Das wird Spektakel geben,
denn Frau Bolte kommt soeben;

Angewurzelt stand sie da,
als sie nach der Pfanne sah.
Alle Hühner waren fort.
"Spitz!" - Das war ihr erstes Wort.
"Oh du Spitz, du Ungetüm!
Aber wart, ich komme ihm!"
Mit dem Löffel, groß und schwer,
geht es über Spitzen her.

Laut ertönt sein Wehgeschrei
denn er fühlt sich schuldenfrei.
Max und Moritz im Verstecke
schnarchen aber an der Hecke.
Und vom ganzen Hühnerschmaus
guckt nur noch ein Bein heraus.

Dieses war der zweite Streich,
doch der dritte folgt sogleich.

Dritter Streich

Jedermann im Dorfe kannte
einen, der sich Böck benannte.
Alltagsröcke, Sonntagsröcke,
lange Hosen, spitze Fräcke,
Westen mit bequemen Taschen,
warme Mäntel und Gamaschen.
Alle diese Kleidungssachen
wusste Schneider Böck zu machen.
Oder wäre was zu flicken,
abzuschneiden, anzustücken.

Nämlich vor des Meisters Hause
floss ein Wasser mit Gebrause.
Übers Wasser führt ein Steg,
und darüber geht der Weg.
Max und Moritz, gar nicht träge,
sägen heimlich mit der Säge,
ritzeratze, voller Tücke,
in die Brücke eine Lücke.
Als nun diese Tat vorbei,
hört man plötzlich ein Geschrei:

Oder gar ein Knopf der Hose
abgerissen oder lose,
wie und wo und wann es sei,
hinten, vorne, einerlei,
alles macht der Meister Böck,
denn das ist sein Lebenszweck.
D´rum so hat in der Gemeinde
jedermann ihn gern zum Freunde.
Aber Max und Moritz dachten,
wie sie ihn verdrießlich machten.

"He, heraus, du Ziegen-Böck!
Schneider, Schneider, meck, meck, meck!"
Alles konnte Böck ertragen,
ohne nur ein Wort zu sagen;
aber wenn er dies erfuhr,
ging's ihm wider die Natur.

Denn schon wieder ihm zum Schreck
tönt ein lautes: "Meck, meck, meck!"
Und schon ist er auf der Brücke,
kracks, die Brücke bricht in Stücke.

Wieder tönt es: „Meck, meck, meck!"
Plumps! Da ist der Schneider weg!
Grad als dieses vorgekommen,
kommt ein Gänsepaar geschwommen.

Welches Böck in Todeshast
krampfhaft bei den Beinen fasst.

Beide Gänse in der Hand,
flattert er auf trocknes Land.
Übrigens bei alledem
ist so etwas nicht bequem.

Wie denn Böck von der Geschichte
auch das Magendrücken kriegte.

Hoch ist hier Frau Böck zu preisen!
Denn ein heißes Bügeleisen,
auf den kalten Leib gebracht,
hat es wieder gutgemacht.
Bald im Dorf hinauf, hinunter,
hieß es: Böck ist wieder munter!
Dieses war der dritte Streich,
doch der vierte folgt sogleich.

Vierter Streich

Also lautet ein Beschluss,
dass der Mensch was lernen muss.
Nicht allein das Abc
bringt den Menschen in die Höh';
nicht allein in Schreiben, Lesen
übt sich ein vernünftig Wesen.

Nicht allein in Rechnungssachen
soll der Mensch sich Mühe machen,
sondern auch der Weisheit Lehren
muss man mit Vergnügen hören.
Dass dies mit Verstand geschah,
war Herr Lehrer Lämpel da.

Max und Moritz, diese beiden,
mochten ihn darum nicht leiden;
denn, wer böse Streiche macht,
gibt nicht auf den Lehrer Acht.
Nun war dieser brave Lehrer
von dem Tobak ein Verehrer.
Was man ohne alle Frage
nach des Tages Müh und Plage
einem guten, alten Mann
auch von Herzen gönnen kann.
Max und Moritz, unverdrossen,
sinnen aber schon auf Possen,
ob vermittelst seiner Pfeifen
dieser Mann nicht anzugreifen.

Einstens, als es Sonntag wieder
und Herr Lämpel, brav und bieder,
in der Kirche mit Gefühle
saß vor seinem Orgelspiele,
schlichen sich die bösen Buben
in sein Haus und seine Stuben,
wo die Meerschaumpfeife stand;
Max hält sie in seiner Hand;
aber Moritz aus der Tasche
zieht die Flintenpulverflasche,
und geschwinde, stopf, stopf, stopf!
Pulver in den Pfeifenkopf.

Jetzt nur still und schnell nach Haus,
denn schon ist die Kirche aus.
Eben schließt in sanfter Ruh´
Lämpel seine Kirche zu.

Und mit Buch und Notenheften
nach besorgten Amtsgeschäften,
lenkt er freudig seine Schritte
zu der heimatlichen Hütte.
Und voll Dankbarkeit sodann
zündet er sein Pfeifchen an.
"Ach!", spricht er "die größte Freud´
ist doch die Zufriedenheit!"

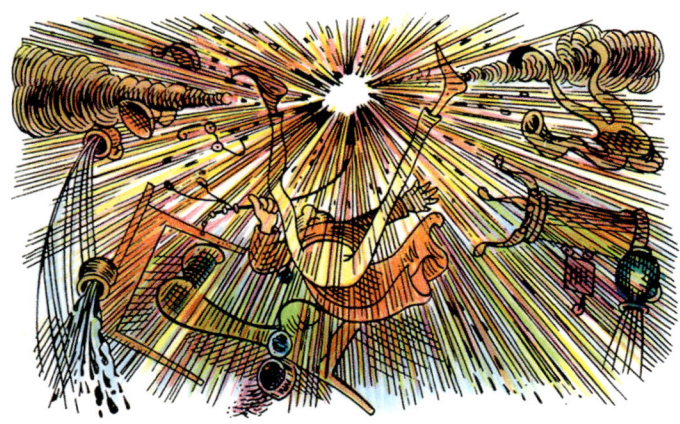

Rums! Da geht die Pfeife los
mit Getöse, schrecklich groß.
Kaffeetopf und Wasserglas,
Tobaksdose, Tintenfass,
Ofen, Tisch und Sorgensitz
alles fliegt im Pulverblitz.

Als der Dampf sich nun erhob,
Sieht man Lämpel, der gottlob
Lebend auf dem Rücken liegt;
Doch er hat was abgekriegt.

Nase, Hand, Gesicht und Ohren
sind so schwarz als wie die Mohren.
Und des Haares letzter Schopf
ist verbrannt bis auf den Kopf.
Wer soll nun die Kinder lehren
und die Wissenschaft vermehren?

Wer soll nun für Lämpel leiten
seine Amtestätigkeiten?
Woraus soll der Lehrer rauchen,
wenn die Pfeife nicht zu brauchen?

Mit der Zeit wird alles heil,
nur die Pfeife hat ihr Teil.
Dieses war der vierte Streich,
doch der fünfte folgt sogleich.

Fünfter Streich

Wer im Dorfe oder Stadt
einen Onkel wohnen hat,
der sei höflich und bescheiden,
denn das mag der Onkel leiden.
Morgens sagt man: "Guten Morgen!
Haben Sie was zu besorgen?"
Bringt ihm, was er haben muss:
Zeitung, Pfeife, Fidibus.
Oder sollt' es wo im Rücken
drücken, beißen oder zwicken,
gleich ist man mit Freudigkeit
dienstbeflissen und bereit.

Jeder weiß, was so ein Mai-
Käfer für ein Vogel sei.
In den Bäumen hin und her
fliegt und kriecht und krabbelt er.
Max und Moritz, immer munter,
schütteln sie vom Baum herunter.

In die Tüte von Papiere
sperren sie die Krabbeltiere.

Oder sei's nach einer Prise,
dass der Onkel heftig niese,
ruft man: "Prosit!", also gleich.
"Danke, wohl bekomm' es Euch!"
Oder kommt er spät nach Haus,
zieht man ihm die Stiefel aus,
holt Pantoffel, Schlafrock, Mütze,
dass er nicht im Kalten sitze.
Kurz, man ist darauf bedacht,
was dem Onkel Freude macht.
Max und Moritz ihrerseits
fanden darin keinen Reiz.
Denkt euch nur,
welch´ schlechten Witz
machten sie mit Onkel Fritz!

Fort damit und in die Ecke
unter Onkel Fritzens Decke!

Bald zu Bett geht Onkel Fritze
in der spitzen Zipfelmütze.

Seine Augen macht er zu,
hüllt sich ein und schläft in Ruh.

Doch die Käfer, kritze, kratze,
kommen schnell aus der Matratze.

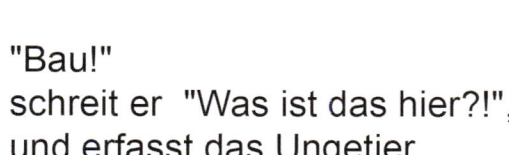

Schon faßt einer, der voran,
Onkel Fritzen's Nase an.

"Bau!"
schreit er "Was ist das hier?!",
und erfasst das Ungetier.

Und den Onkel,
voller Grausen,
sieht man aus
dem Bette sausen.

"Autsch!"
Schon wieder hat er einen
im Genicke, an den Beinen.

Hin und her und rundherum
kriecht es, fliegt es mit Gebrumm.

Onkel Fritz, in dieser Not,
haut und trampelt alles tot.
Guckste wohl! Jetzt ist's vorbei
mit der Käferkrabbelei!

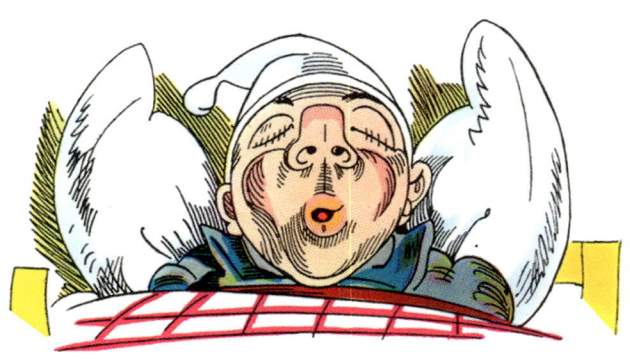

Onkel Fritz hat wieder Ruh'
und macht seine Augen zu.
Dieses war der fünfte Streich,
doch der sechste folgt sogleich.

Sechster Streich

In der schönen Osterzeit,
wenn die frommen Bäckersleut'
viele süße Zuckersachen
backen und zurechte machen,
wünschten Max und Moritz auch
sich so etwas zum Gebrauch.
Doch der Bäcker, mit Bedacht,
hat das Backhaus zugemacht.

Also, will hier einer stehlen,
muss er durch den
Schlot sich quälen.

Ratsch!
Da kommen die zwei Knaben
durch den Schornstein,
schwarz wie Raben.

Puff! Sie fallen in die Kist',
wo das Mehl darinnen ist.

Da! Nun sind sie alle beide
rundherum so weiß wie Kreide.

Aber schon mit viel Vergnügen
sehen sie die Brezeln liegen.

Knacks! - Da bricht der Stuhl entzwei;
Schwapp! - Da liegen sie im Brei.

Schwapp!
Da liegen sie im Brei.

Gleich erscheint der Meister Bäcker
und bemerkt die Zuckerlecker.

Eins, zwei, drei! - Eh' man's gedacht,
sind zwei Brote draus gemacht.

In dem Ofen glüht es noch -
Ruff! Damit ins Ofenloch!

Ruff! Man zieht sie aus der Glut;
denn nun sind sie braun und gut.
Jeder denkt: „Die sind perdü!"
Aber nein!   Noch leben sie!

Knusper, knasper! - Wie zwei Mäuse
fressen sie durch das Gehäuse.

Und der Meister Bäcker schrie:
"Ach herrjeh! Da laufen sie!"
Dieses war der sechste Streich,
doch der letzte folgt sogleich.

Letzter Streich

Max und Moritz, wehe euch,
jetzt kommt euer letzter Streich!
Wozu müssen auch die beiden
Löcher in die Säcke schneiden?

Seht, da trägt der Bauer Mecke
einen seiner Maltersäcke.

Aber kaum, dass er von hinnen,
fängt das Korn schon an zu rinnen.

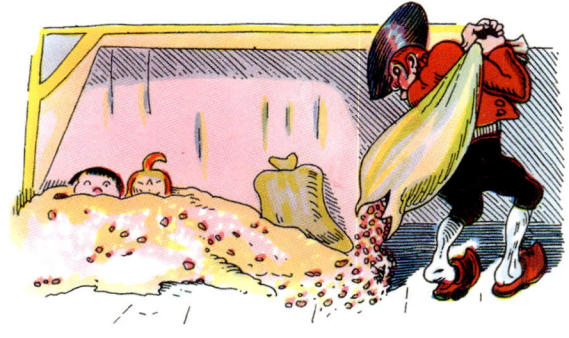

Und verwundert steht und spricht er:
"Zapperment! Dat Ding werd lichter!"

Hei! Da sieht er voller Freude
Max und Moritz im Getreide.

Rabs! - In seinen großen Sack
schaufelt er das Lumpenpack.

Max und Moritz wird es schwüle,
denn nun geht es nach der Mühle.

"Meister Müller, he, heran!
mahl er das, so schnell er kann!"

"Her damit!" Und in den Trichter
schüttet er die Bösewichter.

Rickeracke, rickeracke,
geht die Mühle mit Geknacke.

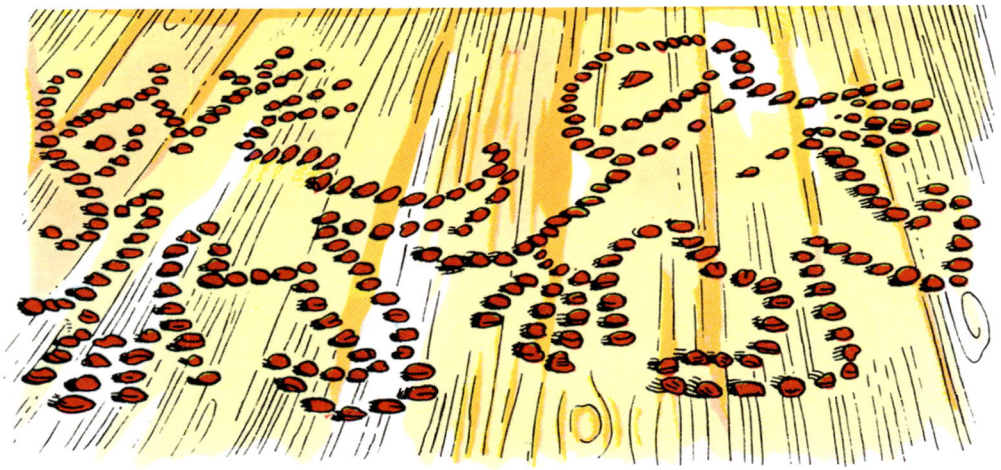

Hier kann man sie noch erblicken,
fein geschroten und in Stücken.

Doch sogleich verzehret sie
Meister Müllers Federvieh.

Schluss

Als man dies im Dorf erfuhr,
war von Trauer keine Spur.
Witwe Bolte, mild und weich,
sprach: "Sieh da, ich dacht´ es gleich!"
"Jajaja!", rief Meister Böck
"Bosheit ist kein Lebenszweck!"
Drauf so sprach Herr Lehrer Lämpel:
"Dies ist wieder ein Exempel!"
"Freilich", meint' der Zuckerbäcker,

"Warum ist der Mensch so lecker?!"
Selbst der gute Onkel Fritze
sprach: "Das kommt von dumme Witze!"
Doch der brave Bauersmann
dachte: „Wat geiht meck dat an?"
Kurz, im ganzen Ort herum
ging ein freudiges Gebrumm:
„Gott sei Dank! Nun ist's vorbei
mit der Übeltäterei!"

Alle Vögel sind schon da

Al - le Vö-gel sind schon da, al - le Vö - gel,

al - le! Welch ein Sin-gen, Mu-si - zier'n.

Pfei-fen, Zwit-schern, Ti-ri - lier'n! Früh-ling will nun

ein-mar-schier'n, kommt mit Sang und Schal-le.

2. Wie sie alle lustig sind, flink und froh sich regen.
Amsel, Drossel, Fink und Star und die ganze Vogelschar
wünschet uns ein frohes Jahr, lauter Heil und Segen.

3. Was sie uns verkündet nun, nehmen wir zu Herzen:
Wir auch wollen lustig sein, lustig wie die Vögelein,
hier und dort, feldaus feldein, singen, springen, scherzen!

Hoppe, hoppe Reiter

Hoppe, hoppe Reiter,
wenn er fällt, dann schreit er.
Fällt er in den Graben,
fressen ihn die Raben,
fällt er in den Sumpf,
macht der Reiter: "Plumps!"

Backe, backe Kuchen

Alle: Backe, backe Kuchen, der Bäcker hat gerufen! Wer will guten Kuchen backen, der muss haben sieben Sachen: Eier und Schmalz,
Ein Kind:
2. Kind: Butter und Salz,
3. Kind: Milch und Mehl,
4. Kind: Safran macht den Kuchen gelb.
Alle: Schieb, schieb in Ofen rein!

Müller, Müller .....

Müller, Müller Säckchen,
schwer ist dieses Päckchen,
ist der Müller nicht zu Haus,
Schloss vor - Riegel vor,
schmeiß' mas Säckchen hinters Tor.

Alle meine Entchen

Al-le mei-ne Ent-chen schwim-men auf dem

See, schwim-men auf dem See,

Köpf-chen unters Was-ser, Schwänz-chen in die Höh'.

Neue Findelkinder

Endlich haben es Nina und Tim geschafft! Diese 🌱 ist perfekt zum Zelten. Das nagelneue ⛺ ist in Windeseile ausgepackt und zusammengebaut. Die beiden 👫 sind stolz auf ihr Werk. 🌷 leuchten rings um das Zelt zwischen den Grashalmen hervor und ein klarer 🏞️ plätschert lustig vor dem Zelteingang. Aus dem 🎒 holt Nina nun auch eine kräftige Stärkung. Sogar 🔪 und 🍴 haben die Kinder dabei. Zelten macht hungrig! Nach dem Essen erkunden die beiden den nahegelegenen 🌲. Ein Bauernhof mit seinen 🐄 ist auch in der Nähe. Müde kehren die beiden zurück. Aber da ist doch die 🥫 umgeworfen! Ein paar 🐕 sind keck eingedrungen!

Mit treuen 👀 blicken die strubbeligen Kerle die anfangs erschrockenen Kinder an. Aber die beiden haben ein ❤️ für Tiere, da ist der Bann gleich gebrochen. Auf dem 🛏️ im Zelt schlafen nun 👦👧 und Hunde, eine bunte Schar eben! Auch der helle 🌙 muss über die ungewöhnliche Schlafgemeinschaft schmunzeln. Als die ⭐ allmählich wieder der ☀️ Platz machen und der Tag in voller Blüte steht, wird erstmal ausgiebig gespielt. Die 🌲 bieten wieder einmal den besten Spielplatz. Sogar die aufgeweckten 🐰 kommen aus ihrer Höhle. Den 🍎 als Nachspeise kann man ja später essen. Mitspielen gefällig? Auch Herr 🦔 guckt aus seiner Behausung. Ein ⚽ wäre jetzt toll!

An die  müssen Nina und Tim auch wieder mal denken.

So schön das Zelten auch ist,  und Bücher warten schon

wieder nach den Ferien. Wie die beiden  zu Hause wohl

reagieren werden? Die geräumige  ist ja groß genug und die

 haben Nina liebgewonnen. Futter und  gibt es

ohnehin genug. Im Garten  warten die Eltern bereits.

 Molly kommt auch aus ihrem Versteck. Die  sind ja

riesig! Ob sie da noch wie in guten alten Zeiten etwas aus dem

 stibitzen sollte? Nina und Tim erneuern zuerst das

frische  in der . Mit liebevollen 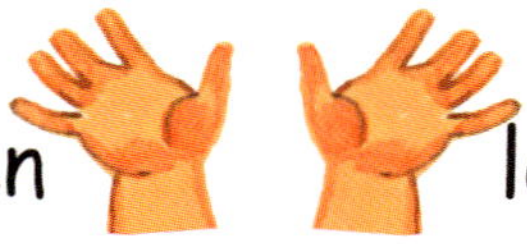  legt dann

Nina auch für alle eine weiche bunte  aus. Eine neue

Freundschaft beginnt!

Ri - ra - rutsch

Ri-ra-rutsch,
wir fahren in der Kutsch',
wir fahren mit der Schneckenpost,
weil sie uns keinen Kreuzer kost'.
Ri-ra-rutsch.

Summ, summ, summ...

Summ, summ, summ Bien-chen summ her-um!
Ei wir tun dir nichts zu Lei - de,
flieg' nur aus in Wald und Hei - de!
Summ, summ, summ! Bien-chen summ her-um!

2. Such' in Blumen, such' in Blümchen
dir ein Tröpfchen, dir ein Krümchen!
3. Kehre heim mit reicher Habe,
bau' uns manche volle Wabe!

Spannenlanger Hansel...

Spannenlanger Hansel
nudeldicke Dirn',
geh'n wir in den Garten,
schütteln wir die Birn',
schüttelst du die großen,
schüttel' ich die kleinen,
wenn das Sackerl voll ist,
geh'n wir wieder heim.

Ein Männlein steht im Walde ...

Ein Männ-lein steht im Wal - de ganz still und stumm; es hat von lau-ter Pur - pur ein Mänt - lein um. Sagt, wer mag das Männ-lein sein, das da steht im Wald al-lein mit dem pur-pur ro - ten Män - te - lein?

2. Das Männlein steht im Walde auf einem Bein
und hat auf seinem Haupte schwarz Käpplein klein.
Sagt, wer mag das Männlein sein,
das da steht im Wald allein
mit dem kleinen, schwarzen Käppelein?

Da ist der Daumen ...

Da ist der Daumen,
der schüttelt die Pflaumen,
der hebt sie alle auf,
der trägt sie nach Haus,
und der Kleine,
der isst sie ganz alleine.

Hänschen klein ...

Häns-chen klein ging al-lein in die wei-te Welt hin-ein

Stock und Hut steht ihm gut, er ist wohl-ge-mut.

Doch die Mut-ter wei-net sehr, hat ja nun kein Hänschen mehr,

Hänschen klein ging al - lein in die Welt hin - ein.

2. Sieben Jahr, trüb und klar, Hänschen in der Ferne war.
Da besinnt sich das Kind, eilt nach Haus geschwind.
Doch nun ist's kein Hänschen mehr, nein, ein großer Hans ist er.
Braungebrannt Stirn und Hand, wird er wohl erkannt?

40

Viel zu tun

Nanu? 🐕 Bello blickt auf. Wie immer hütet er gewissenhaft die 🐑 und hat seine wachen 👀 stets bei den wolligen Gefährten. Doch 🌱 fliegt dort drüben nur so durch die Luft, dass Bello neugierig wird. Eine 🍴 wird von kräftigen 🙌 herumgewirbelt. Bello guckt über den Rand der Weide. Das ist doch Hugo! Zwischen 🐑 und sonstigen Tieren ist er am Werk. Den 🚜 muss er heute bei dieser starken ☀️ nicht fahren, wie es scheint. Bauer Hugo liebt die Arbeit in seinem 🏠, einem großen Bauernhof mit 🐷🐷, vielen 🐄 und anderen Vierbeinern. Er hat sogar einen riesigen Mähdrescher! Er sagt den 🐑 noch Lebewohl und weg ist er!

42

Sein nächstes Ziel ist sein 🐴 Casimir. Er hat eine eigene Koppel gebaut, auf einer großen 🌱 voll duftender Kräuter und 🌷. Große 🌳 ringsum spenden den nötigen Schatten und bieten Casimir Unterschlupf bei 🌧️. Casimir steckt seine Nase in den 🪣 mit frischem Wasser. Er ist ein sehr kräftiges 🐴 und so darf er Bauer Hugo sehr oft helfen. Vor allem bei der Arbeit im 🌲 ist Casimir unersetzlich. Die 🪵 sind oft schwierig zu transportieren, aber Casimir schafft es immer. 🍎 und 🥕 sind dann eine willkommene Belohnung. Jetzt im Sommer reiten oft die 👧👦 auf seinem breiten Rücken. Dann freut er sich schon auf das weiche 🌾 in seinem Stall.

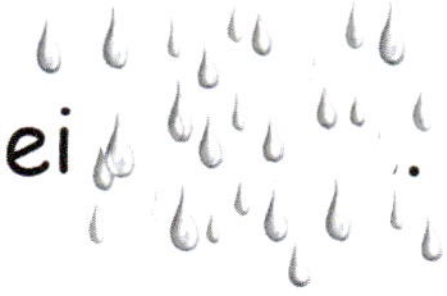

44

Bauer Hugo hat wieder einen Arbeitstag geschafft. 🔥 prasselt wohlig in seinem Kamin. Der Lehnstuhl wäre eigentlich nur für 👒 bestimmt, aber 🐱 Pia und die 🐶 machen es sich auch schon gemütlich. Geschafft! Bauer Hugo hat sich einen Platz erkämpft! Die 👢 sind rasch abgestreift und der 👒 ins Gesicht herabgezogen. Schlafen! Das sonst so stille 🏠 wird eingepackt in lautes Schnarchen. Nur 🐶 Bello steht erwartungsvoll vor seinem Herrchen. Einen leckeren großen 🦴 im Maul, versucht er, ihn zum Spielen zu überreden. Der helle 🌙 geht bereits auf und Hugo träumt. Wovon? Von einer Frau, die ihm zur Arbeit ab und zu eine 🍰 bringt und von 👫, die seinen Alltag so richtig bunt machen.

Kommt ein Vogel geflogen

Kommt ein Vogel geflogen,
setzt sich nieder auf meinen Fuß,
hat ein Brieflein im Schnabel,
von der Mutter einen Gruß.

Lieber Vogel fliege weiter,
nimm einen Gruß mit
und einen Kuss,
denn ich kann dich
nicht begleiten,
weil ich hier bleiben muss.

Fuchs, du hast die Gans gestohlen

Fuchs, du hast die Gans ge-stoh-len, gib sie wie-der her! Gib sie wieder her! Sonst wird dich der Jä-ger ho-len mit dem Schieß-ge-wehr, sonst wird dich der Jä-ger ho-len mit dem Schieß-ge-wehr.

2. Seine große, lange Flinte
schießt auf dich den Schrot,
dass dich färbt die rote Tinte
und dann bist du tot.

3. Liebes Füchslein, lass dir raten,
sei doch nur kein Dieb!
Nimm - du brauchst nicht Gänsebraten -
mit der Maus vorlieb!

Wer hat die schönsten Schäfchen?

Wer hat die schönsten Schäfchen?
Die hat der goldene Mond,
der hinter unserem Hause
am Himmel droben wohnt.

Eia, popeia, was raschelt ...

Ei-a, po-pei-a was ra-schelt im Stroh? Die Gäns-chen gehn bar-fuß und hab'n kei-ne Schuh'. Der Schu-ster hat's Le-der kein Lei-sten da-zu, drum kann er den Gäns-chen auch ma-chen kein' Schuh'.

Ei-a, po-pei-a, was ra-schelt im Stroh? Die Gäns-chen gehn bar-fuß und hab'n kei-ne Schuh'.

Auf unserer Wiese gehet was ...

Auf unserer Wiese gehet was,
wandert durch die Sümpfe,
hat ein schwarz-weiß Röcklein an,
trägt auch rote Strümpfe.
Fängt die Frösche – schnapper di schnapp,
klappert lustig - klapper di klapp.

Kuckuck, kuckuck ...

Ku - ckuck, Ku - ckuck ruft's aus dem Wald.

Las - set uns sin - gen, tan - zen und sprin - gen!

Früh - ling, Früh - ling wird es nun bald!

2. Kuckuck, Kuckuck lässt nicht sein Schrei'n.
Kommt in die Wälder, Wiesen und Felder!
Frühling, Frühling, stelle dich ein!

3. Kuckuck, Kuckuck trefflicher Held!
Was du gesungen, ist dir gelungen;
Winter, Winter räumet das Feld!

52

Ein ungewolltes Bad

Jakob ist ein richtiger Glückspilz! Die [Tasche] landet mit Schwung auf der [Bank], früher als gewohnt. Die letzte Stunde ist ausgefallen und so konnte er mit dem [Bus] so bald schon nach Hause fahren. Der [Hof] wartet! Er spielt am liebsten draußen mit Schwester Anna und seiner [Katze]. Und da ist auch noch Wuschel, sein neuer [Hund]. Wuschel ist ein richtiger Streuner. Sein wildes Leben ist für die [Kinder] nicht einfach. Die [Hundehütte] mag er nicht besonders, er schläft lieber irgendwo anders. Ob er sich an das [Haus] und die Menschen gewöhnen wird? Die kleine [Ente] und auch die anderen Tiere sind da sehr skeptisch. Und etwas [Seife] könnte auch nicht schaden.

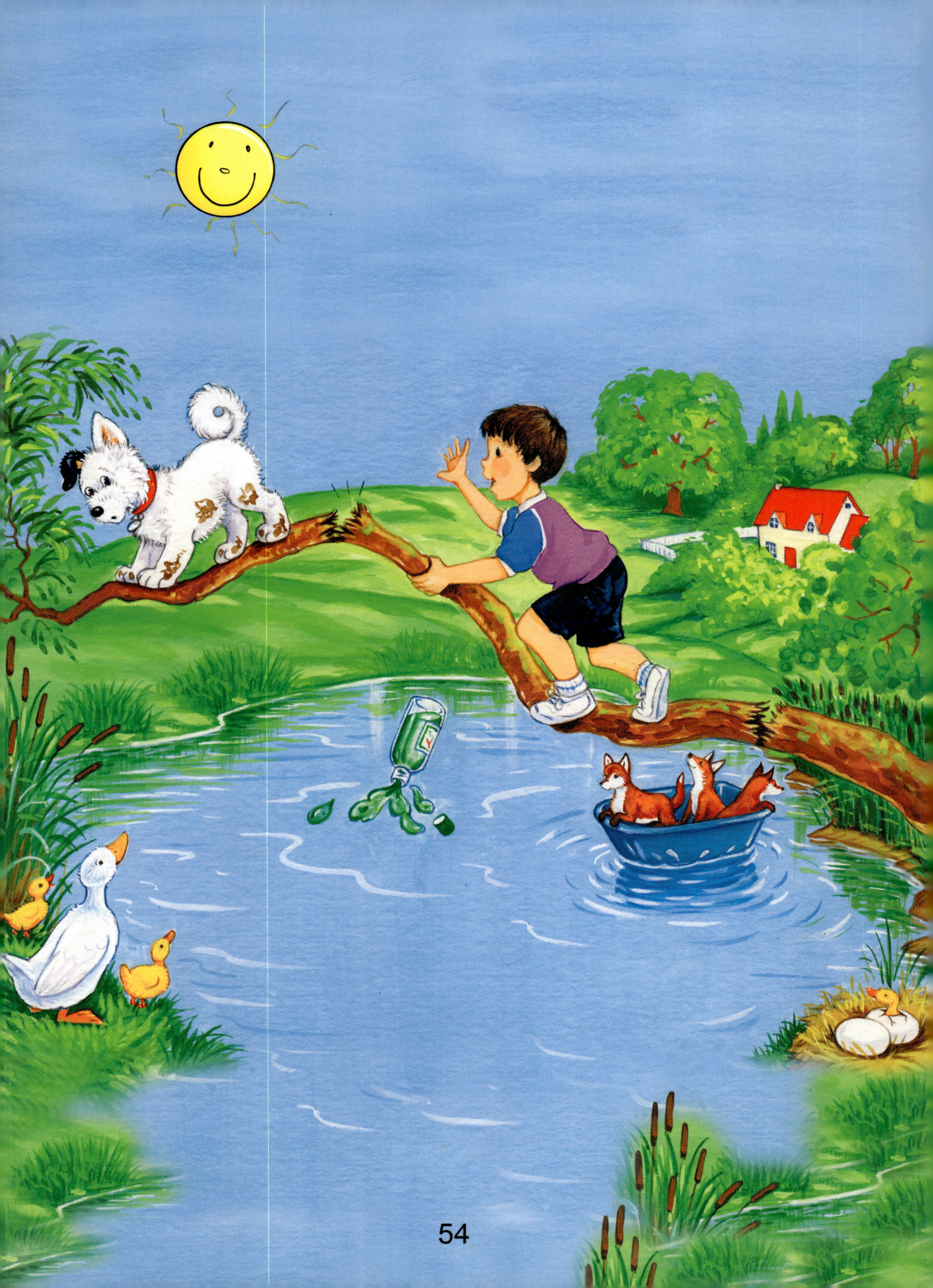

Zum Glück hat Mutti die kleine [Wanne] aufbewahrt, in der Jakob und Gabi als Babys gebadet wurden. Die [Augen] auf Jakob gerichtet, entwischt der [Hund] schnurstracks zum [Teich], der gleich neben Jakobs Haus liegt. Jakob lugt durch die [Büsche]. Er traut seinen [Augen] nicht. Auf den [Ast], der direkt über das Wasser reicht, klettert Wuschel gerade! Die [Ente] am Ufer blickt ängstlich, sie sieht ihr [Nest] schon in Gefahr. Da muss Jakob eingreifen. Er kann seinen kleinen [Hund] zum Glück noch rechtzeitig erreichen, dann bricht der [Ast] entzwei. Die [Kinder] bringen das zitternde Tier nun erstmal nach Hause. Wuschel überlegt. Ob er der [Wanne] entkommen konnte?

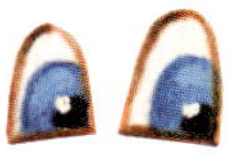

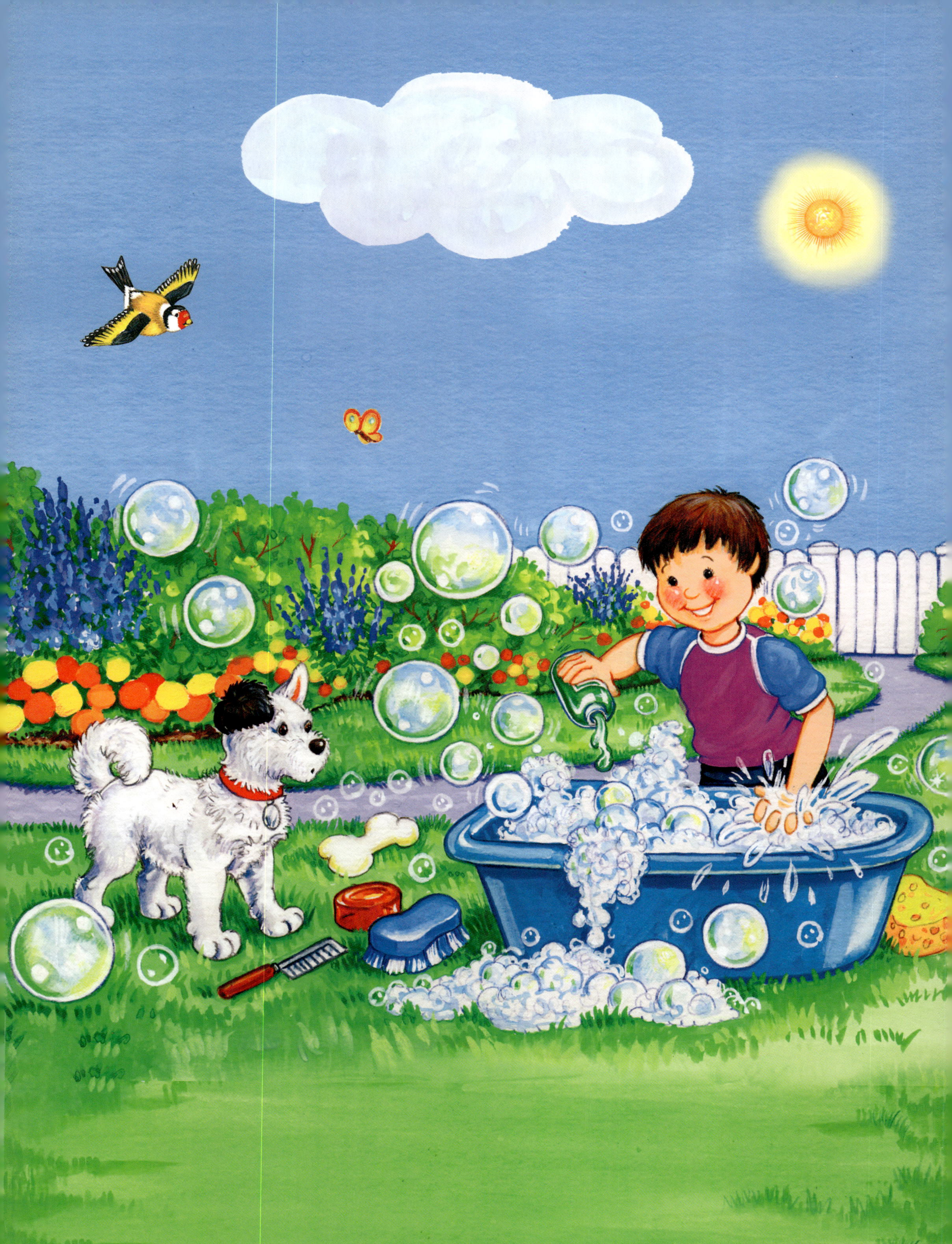

Allmählich wird Wuschel zutraulich. Das [Stroh] in seiner Hundehütte ist eigentlich gemütlich. Auch die [Blumen] entlang des [Zauns] sehen wirklich hübsch aus. Langsam gefällt es ihm bei den Menschen. Aber oh nein! [Bürste], [Schwamm] und andere Badeutensilien liegen da bereit! Und eine [Flasche] voll Shampoo kippt Jakob auch gerade ins Wasser! Lustig tanzen Seifenblasen zu den [Wolken]. Ob man die fangen kann? [Wuschel] Wuschel angelt mit der [Pfote] nach einem solch bunten Ding. Doch plopp! Zerplatzt! Einen [Knochen] hat Jakob auch hier, um Wuschel in die [Wanne] zu locken. Na ja, Wuschel zögert. Den [Kindern] zuliebe könnte er ja den Sprung ins Wasser wagen. Und einen [Rettungsring] braucht er auch nicht.

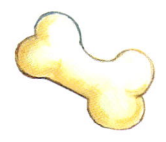

Lirum-larum, Löffelstiel ...

Lirum-larum, Löffelstiel,
alte Weiber essen viel,
junge müssen fasten.
Brot liegt in dem Kasten,
Messer liegt daneben.
Ei, was ein lustig Leben!

Trari - trara - die Post ist da!

Tra - ra, die Post ist da! Tra - ra, die Post ist da! Von weitem hör' ich schon den Ton sein Liedchen bläst der Postillon; er bläst mit starker Kehle er bläst aus froher Seele, die Post ist da, tra - ra, tra - ra, die Post ist da, tra - ra!

2. Trara, die Post ist da! O Postillon, nun sag' uns schnell:
Was bringst du heute uns zur Stell'? Wer hat von unsern Lieben
uns aus der Fern geschrieben? Die Post ist da!

Es tanzt ein Bi-Ba-Butzemann...

Es tanzt ein Bi-Ba-Butzemann
in unserm Haus herum, didum,
es tanzt ein Bi-Ba-Butzemann
in unserm Haus herum.
Er schüttelt sich, er rüttelt sich,
er wirft sein Säckchen hinter sich.
Es tanzt ein Bi-Ba-Butzemann
in unserm Haus herum.

Es klappert die Mühle ...

Es klap-pert die Müh - le am rau-schen-den Bach, klipp, klapp!
Bei Tag und bei Nacht ist der Mül - ler stets wach, klipp klapp!
Er mah-let das Korn zu dem kräf-ti-gen Brot und
ha-ben wir sol-ches, so hat's kei - ne Not klipp
klapp, klipp klapp, klipp klapp!

2. Schnell laufen die Räder und drehen den Stein, klipp, klapp,
und mahlen den Weizen zu Mehle so fein, klipp, klapp!
Und was mit dem Mehle die Mutter dann tut,
das wissen die Kinder und merken sich's gut........

61

Ringel, ringel Reihe ...

Ringel, ringel, Reihe,
sind der Kinder dreie,
sitzen unterm Holderbusch,
rufen alle: "Husch, husch, husch!"

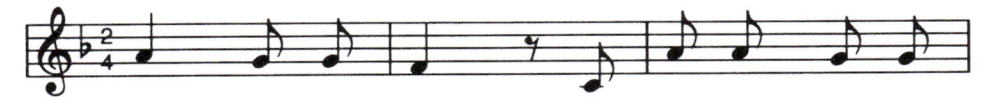

Schlaf, Kindlein schlaf ...

Schlaf', Kindlein schlaf'! Der Vater hüt't die Schaf; die Mutter schüttelt's Bäumelein, da fällt herab ein Träumelein. Schlaf', Kindlein, schlaf'!

2. Schlaf', Kindlein, schlaf'! Am Himmel ziehn die Schaf'.
Die Sternlein sind die Lämmerlein, der Mond, der ist das Schäferlein.
Schlaf', Kindlein, schlaf'!

3. Schlaf', Kindlein, schlaf'! Geh' fort und hüt' die Schaf!
Geh' fort du schwarzes Hündelein und weck' mir nicht mein Kindelein.
Schlaf', Kindlein, schlaf'!

Regen, Regen, Tröpfchen ...

Regen, Regen, Tröpfchen,
fall mir auf mein Köpfchen!
Fall mir nicht daneben,

Der Struwwelpeter

von Heinrich Hoffmann

Sieh einmal, hier steht er.
Pfui! Der Struwwelpeter!
An den Händen beiden
ließ er sich nicht schneiden
seine Nägel fast ein Jahr;
kämmen ließ er nicht sein Haar.
Pfui! Ruft da ein jeder;
garst'ger Struwwelpeter!

Die Geschichte vom bösen Friederich

Der Friederich, der Friederich,
das war ein arger Wüterich!
Er fing die Fliegen in dem Haus
und riss ihnen die Flügel aus.
Er schlug die Stühl' und Vögel tot.
Die Katzen litten große Not.
Und höre nur, wie bös er war,
er peitschte seine Gretchen gar!

Am Brunnen stand ein großer Hund,
trank Wasser dort mit seinem Mund.
Da mit der Peitsch' herzu sich schlich
der bitterböse Friederich;
und schlug den Hund, der heulte sehr,
und trat und schlug ihn immer mehr.
Da biss der Hund ihn in das Bein,
recht tief bis in das Blut hinein.
Der bitterböse Friederich,
der schrie und weinte bitterlich. –
jedoch nach Hause lief der Hund
und trug die Peitsche in dem Mund.

Ins Bett muss Friederich nun hinein,
litt vielen Schmerz an seinem Bein,
und der Herr Doktor sitzt dabei
und gibt ihm bitt're Arzenei.

Der Hund an Friederichs Tischchen saß,
wo er den großen Kuchen aß;
aß auch die gute Leberwurst
und trank den Wein für seinen Durst.
Die Peitsche hat er mitgebracht
und nimmt sie sorglich sehr in Acht.

Die gar traurige Geschichte mit dem Feuerzeug

Paulinchen war allein zu Haus,
die Eltern waren beide aus.
Als sie nun durch das Zimmer sprang
mit leichtem Mut und Sing und Sang,
da sah sie plötzlich vor sich stehn
ein Feuerzeug, nett anzusehn.
„Ei", sprach sie, „wie schön und fein!
Das muss ein trefflich Spielzeug sein.
Ich zünde mir ein Hölzchen an,
wie's oft die Mutter hat getan."

Und Minz und Maunz, die Katzen,
erheben ihre Tatzen.
Sie drohen mit den Pfoten;
„Der Vater hat's verboten!
Miau! Mio! Miau! Mio!
Lass stehn! Sonst brennst du lichterloh!"

Paulinchen hört die Katzen nicht!
Das Hölzchen brennt gar hell und licht,
das flackert lustig, knistert laut,
grad wie Ihr's auf dem Bilde schaut.
Paulinchen aber freut sich sehr
und sprang im Zimmer hin und her.

Doch Minz und Maunz, die Katzen,
erheben ihre Tatzen.
Sie drohen mit den Pfoten;
„Die Mutter hat's verboten!
Miau! Mio! Miau! Mio!
Wirf's weg! Sonst brennst du lichterloh!"

Doch weh! Die Flammen fasst das Kleid,
die Schürze brennt; es leuchtet weit.
Es brennt die Hand, es brennt das Haar,
es brennt das ganze Kind sogar.

Und Minz und Maunz, die schreien
gar jämmerlich zu zweien:
„Herbei! Herbei! Wer hilft geschwind?
In Feuer steht das ganze Kind!
Miau! Mio! Miau! Mio!
Zu Hil'f! Das Kind brennt lichterloh!"

Verbrannt ist alles ganz und gar,
das arme Kind mit Haut und Haar;
ein Häuflein Asche bleibt allein
und beide Schuh', so hübsch und fein.

Und Minz und Maunz, die Kleinen,
die sitzen da und weinen:
„Miau! Mio! Miau! Mio!
Wo sind die armen Eltern? Wo?"
Und ihre Tränen fließen
wie's Bächlein auf den Wiesen.

Die Geschichte von den schwarzen Buben

Es ging spazieren vor dem Tor
ein kohlpechrabenschwarzer Mohr.
Die Sonne schien ihm auf's Gehirn,
da nahm er seinen Sonnenschirm.
Da kam der Ludwig hergerannt
und trug sein Fähnchen in der Hand.
Der Kaspar kam mit schnellem Schritt
und brachte seine Brezel mit.
Und auch der Wilhelm war nicht steif
und brachte seinen runden Reif.
Die schrie'n und lachten alle drei,
als dort das Mohrchen ging vorbei,
weil es so schwarz wie Tinte sei!

Da kam der große Nikolas
mit seinem großen Tintenfass.
Der sprach: „Ihr Kinder, hört mit zu
und lasst den Mohren hübsch in Ruh'!
Was kann denn dieser Mohr dafür,
dass er so weiß nicht ist wie ihr?"
Die Buben aber folgten nicht
und lachten ihm ins Angesicht
und lachten ärger als zuvor
über den armen schwarzen Mohr.

Der Niklas wurde bös und wild,
du siehst es hier auf diesem Bild!
Er packte gleich die Buben fest,
beim Arm, beim Kopf, bei Rock und West
den Wilhelm und den Ludewig,
den Kaspar auch, der wehrte sich.
Er tunkt sie in die Tinte tief,
wie auch der Kaspar: Feuer! rief.
Bis übern Kopf ins Tintenfass
tunkt sie der große Nikolas.

Du siehst sie hier, wie schwarz sie sind,
viel schwärzer als das Mohrenkind!
Der Mohr voraus im Sonnenschein,
die Tintenbuben hinterdrein;
und hätten sie nicht so gelacht,
hätt' Niklas sie nicht schwarz gemacht.

Die Geschichte vom wilden Jäger

Es zog der wilde Jägersmann
sein grasgrün neues Röcklein an;
nahm Ranzen, Pulverhorn und Flint'
und lief hinaus ins Feld geschwind.
Er trug die Brille auf der Nas'
und wollte schießen tot den Has.

Das Häschen sitzt im Blätterhaus
und lacht den wilden Jäger aus.

Jetzt schien die Sonne gar zu sehr,
da ward ihm sein Gewehr zu schwer.
Er legte sich ins grüne Gras;
das alles sah der kleine Has.
Und als der Jäger schnarcht' und schlief,
der Has ganz heimlich zu ihm lief
und nahm die Flint' und auch die Brill'
und schlich davon ganz leis' und still.

Die Brille hat das Häschen jetzt
sich selbst auf seine Nas' gesetzt
und schießen will's aus dem Gewehr.

Der Jäger aber fürcht' sich sehr.
Er läuft davon und spring und schreit:
„Zu Hilf', ihr Leut', zu Hilf', ihr Leut'!"

Da kommt der wilde Jägersmann
zuletzt beim tiefen Brünnchen an.
Er spring hinein. Die Not war groß;
Es schießt der Has die Flinte los.

Des Jägers Frau am Fenster saß
und trank aus ihrer Kaffeetass'.
Die schoss das Häschen ganz entzwei,
da rief die Frau: „O wei! O wei!"

Doch bei dem Brünnchen heimlich saß
des Häschens Kind, der kleine Has.
Der hockte da im grünen Gras;

Dem floss der Kaffee auf die Nas'.
Er schrie: „Wer hat mich da verbrannt?"
Und hielt den Löffel in der Hand.

Die Geschichte vom Daumenlutscher

"Konrad!" sprach die Frau Mama,
"ich geh aus und du bleibst da.
Sei hübsch ordentlich und fromm,
bis nach Haus ich wieder komm'.
Und vor allem, Konrad hör'!
Lutsche nicht am Daumen mehr;
denn der Schneider mit der Scher'
kommt sonst ganz geschwind daher.
Und die Daumen schneidet er
ab, als ob Papier es wär'."

Fort geht nun die Mutter und
wupp! Den Daumen in den Mund.

Bauz! Da geht die Türe auf,
und herein in schnellem Lauf
springt der Schneider in die Stub'
zu dem Daumen-Lutscher-Bub.
Weh! Jetzt geht es klipp und klapp
mit der Scher' die Daumen ab,
mit der großen scharfen Scher'!
Hei! Da schreit der Konrad sehr.

Als die Mutter kommt nach Haus,
sieht der Konrad traurig aus.
Ohne Daumen steht er dort,
die sind alle beide fort.

Die Geschichte vom Suppen-Kaspar

Der Kaspar, der war kerngesund,
ein dicker Bub und kugelrund,
er hatte Backen rot und frisch,
die Suppe aß er hübsch bei Tisch.
Doch einmal fing er an zu schrei'n:
„Ich esse keine Suppe! Nein!
Ich esse meine Suppe nicht!
Nein, meine Suppe eß' ich nicht!"

Am nächsten Tag – ja, sieh nur her!
Da war er schon viel magerer.
Da fing er wieder an zu schrei'n:
„Ich esse keine Suppe! Nein!
Ich esse meine Suppe nicht!
Nein, meine Suppe eß' ich nicht!"

Am dritten Tag, o weh und ach!
Wie ist der Kaspar dünn und schwach!
Doch als die Suppe kam herein,
gleich fing er wieder an zu schrei'n:
„Ich esse keine Suppe! Nein!
Ich esse meine Suppe nicht!
Nein, meine Suppe eß' ich nicht!"

Am vierten Tage endlich gar
der Kaspar wie ein Fädchen war.
Er wog vielleicht ein halbes Lot –
und war am fünften Tage tot.

Die Geschichte vom Zappel-Philipp

„Ob der Philipp heute still
wohl bei Tische sitzen will?"
Also sprach in ernstem Ton
der Papa zu seinem Sohn,
und die Mutter blickte stumm
auf dem ganzen Tisch herum.
Doch der Philipp hörte nicht
was zu ihm der Vater spricht.
Er gaukelt
und schaukelt,
er trappelt
und zappelt
auf dem Stuhle hin und her.
„Philipp, das missfällt mir sehr!"

Seht, ihr lieben Kinder, seht,
wie's dem Philipp weiter geht!
Oben steht es auf dem Bild.

Seht! Er schaukelt gar zu wild,
bis der Stuhl nach hinten fällt;
da ist nichts mehr, was ihn hält;

Nach dem Tischtuch greift er, schreit.
Doch was hilft's? Zu gleicher Zeit
fallen Teller, Flasch' und Brot.

Vater ist in großer Not,
und die Mutter blicket stumm
auf dem ganzen Tisch herum.

Nun ist Philipp ganz versteckt,
und der Tisch ist abgedeckt.
Was der Vater essen wollt',
unten auf der Erde rollt;
Suppe, Brot und alle Bissen,
alles ist herabgerissen;
Suppenschüssel ist entzwei,
und die Eltern stehn dabei.
Beide sind gar zornig sehr,
haben nichts zu essen mehr.

Die Geschichte vom Hanns Guck-in-die-Luft

Wenn der Hanns zur Schule ging,
stets sein Blick am Himmel hing.
Nach den Dächern, Wolken, Schwalben
schaut er aufwärts allenthalben;
Vor die eignen Füße dicht,
ja, da sah der Bursche nicht,
also dass ein jeder ruft:
„Seht den Hanns Guck-in-die-Luft!"

Einst ging er an Ufers Rand
mit der Mappe in der Hand.
Nach dem blauen Himmel hoch
sah er, wo die Schwalbe flog,
also dass er kerzengrad
immer mehr zum Flusse trat.
Und die Fischlein in der Reih'
sind erstaunt sehr, alle drei.

Noch ein Schritt! Und plumps! Der Hanns
stürzt hinab kopfüber ganz! –
Die drei Fischlein, sehr erschreckt,
haben sich sogleich versteckt.

Doch zum Glück da kommen zwei
Männer aus der Näh' herbei,
und die haben ihn mit Stangen
aus dem Wasser aufgefangen.

Seht! Nun steht er triefend nass!
Ei! Das ist ein schlechter Spaß!
Wasser läuft dem armen Wicht
aus den Haaren ins Gesicht,
aus den Kleidern, von den Armen,
und es friert ihn zum Erbarmen.

Doch die Fischlein alle drei,
schwimmen hurtig gleich herbei;
strecken's Köpflein aus der Flut,
lachen, dass man's hören tut,
lachen fort noch lange Zeit;
und die Mappe schwimmt schon weit.

Die Geschichte vom fliegenden Robert

Wenn der Regen niederbraust,
wenn der Sturm das Feld durchsaust,
bleiben Mädchen oder Buben
hübsch daheim in ihren Stuben –
Robert aber dachte: Nein!
Das muss draußen herrlich sein! –
Und im Felde patschet er
mit dem Regenschirm umher.

Hui, wie pfeift der Sturm und keucht,
dass der Baum sich niederbeugt!
Seht! Den Schirm erfasst der Wind,
und der Robert fliegt geschwind
durch die Luft, so hoch, so weit;
niemand hört ihn, wenn er schreit.
An die Wolken stößt er schon,
und der Hut fliegt auch davon.

Schirm und Robert fliegen dort
durch die Wolken immerfort.
Und der Hut fliegt weit voran,
stößt zuletzt am Himmel an.
Wo der Wind sie hingetragen,
ja, das weiß kein Mensch zu sagen.

Der Struwwelpeter

Wenn die Kinder artig sind,
kommt zu ihnen das Christkind;
wenn sie ihre Suppe essen
und das Brot auch nicht vergessen,
wenn sie ohne Lärm zu machen,
still sind bei den Siebensachen,
beim Spaziergehn auf den Gassen
von Mama sich führen lassen,
bringt es ihnen Gut's genug
und ein schönes Bilderbuch.

von Heinrich Hoffmann

Die Spielstunde

Also ist erst einmal Spielen angesagt. Durch 🌳 und quer über die Wiese geht die wilde Jagd. Schwupp, über einen 🦆 und weiter geht's! Hinter einem 🌳 entdecken die Tierkinder einen alten ⚽. Genau das Richtige! Aber Fußball macht richtig müde! Minki fallen die 👀 allmählich zu. Auch Niko trottet nach Hause. Der 📦 ist jetzt genau das Richtige für die abenteuerlustige 🐱. Das war ein Tag! Minki kuschelt sich zu ihrem 🧸 und ist im Nu eingeschlummert. Ihre kleinen Geschwister sind zwar neugierig, aber 🐱 Minki ist schon längst im Land der Träume. Und die kleinen 🐕, Minkis neue Freunde? Die warten mit dem ⚽ auf das nächste Spiel!

86

Unser Federvieh

Was wäre ein Bauernhof ohne 🐔🐔? Nicht auszudenken, wenn die Bauersleute oder die Tiere den gefiederten ⏰ nicht hätten. 🐓 Otto ist ein besonderes Prachtexemplar. Mit seinen bunten langen 🪶🪶 ist er wahrlich ein toller Anblick. Stolz spaziert er im Hühnerhof umher. Das 🪺 seiner Hennen ist immer mit 🥚🥚 gut bestückt. Sie bekommen auch das beste 🌾 vor den Schnabel gesetzt. So mancher 🪱 direkt aus der Erde kann aber auch toll schmecken. Gerade scharren sie in der 🌱, als die Bauernhofkinder vorbeiflitzen. Die 🐇🐇 am Wegesrand sind genauso überrascht. Da biegt gerade der 🚜 in den Weg ein! Gebt Acht! Aber trotz der vielen hochgewachsenen 🌳 sieht man ihn doch gut.

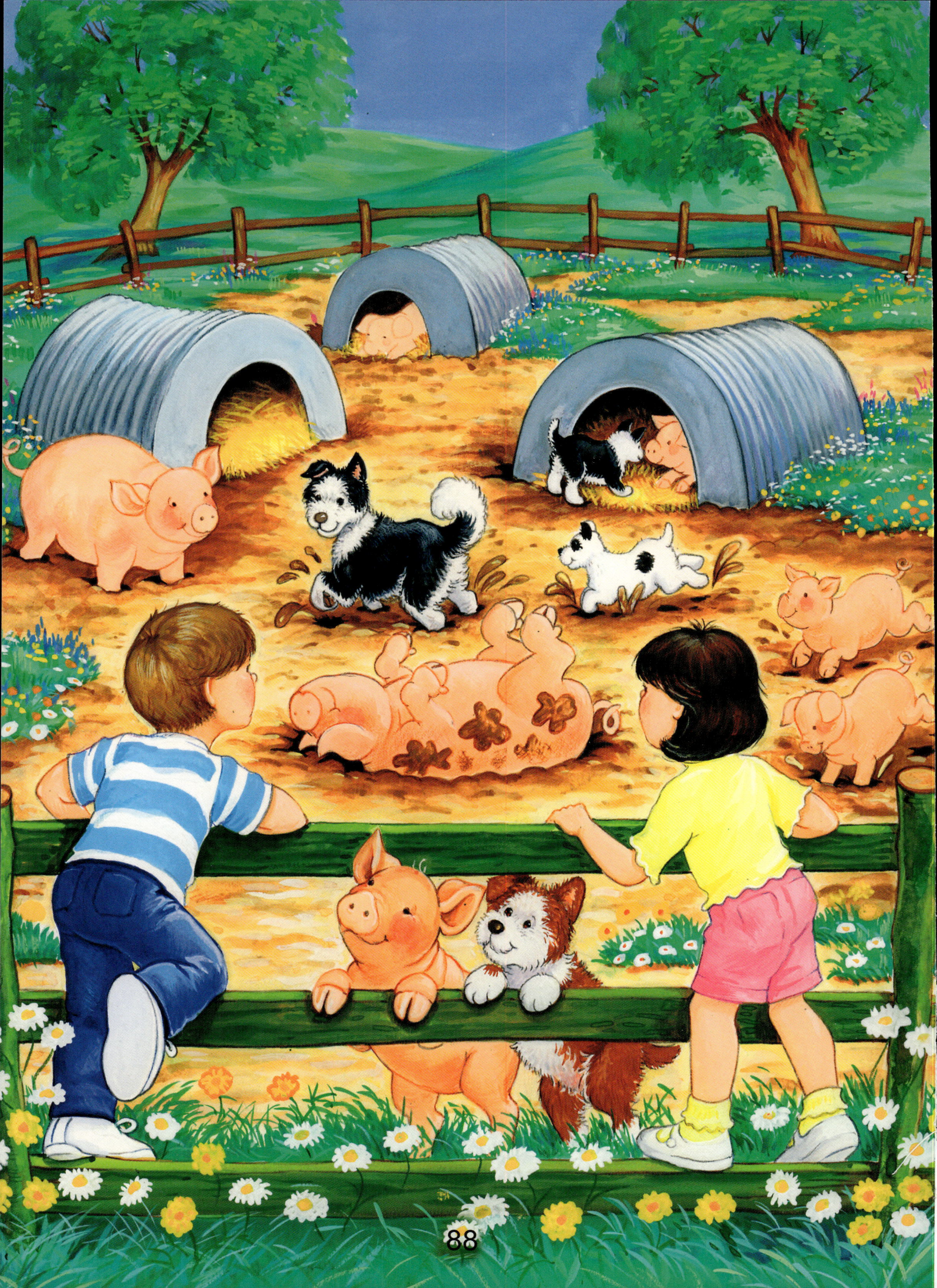

Warum haben es die [Kinder] so eilig? Die [Hühner] folgen ihnen gackernd, sie sind ja von Natur aus neugierig. Der [Hahn] Otto ist auch verschollen. Einen anderen [Hof] wird er doch nicht im Blick haben? Nicht eine [Feder] ist von ihm zu sehen. Sonst ist er wie ein Detektiv hinter den [Schafen] oder Kühen her. Macht nichts, die [Hühner] übernehmen das heute. Bis zum [Zaun] schleichen sie den Kindern nach. Na hier riecht es aber! Hier leben die [Schweine], ganz klar. Sicher wollten die [Kinder] die neugeborenen Ferkel sehen. Der [Regen] der letzten Tage hat ihnen eine tolle [Pfütze] aus Schlamm gezaubert, die von den Ferkeln heiß begehrt ist. [Gras] und Erde kleben auf ihrer einst sauberen rosa Haut.

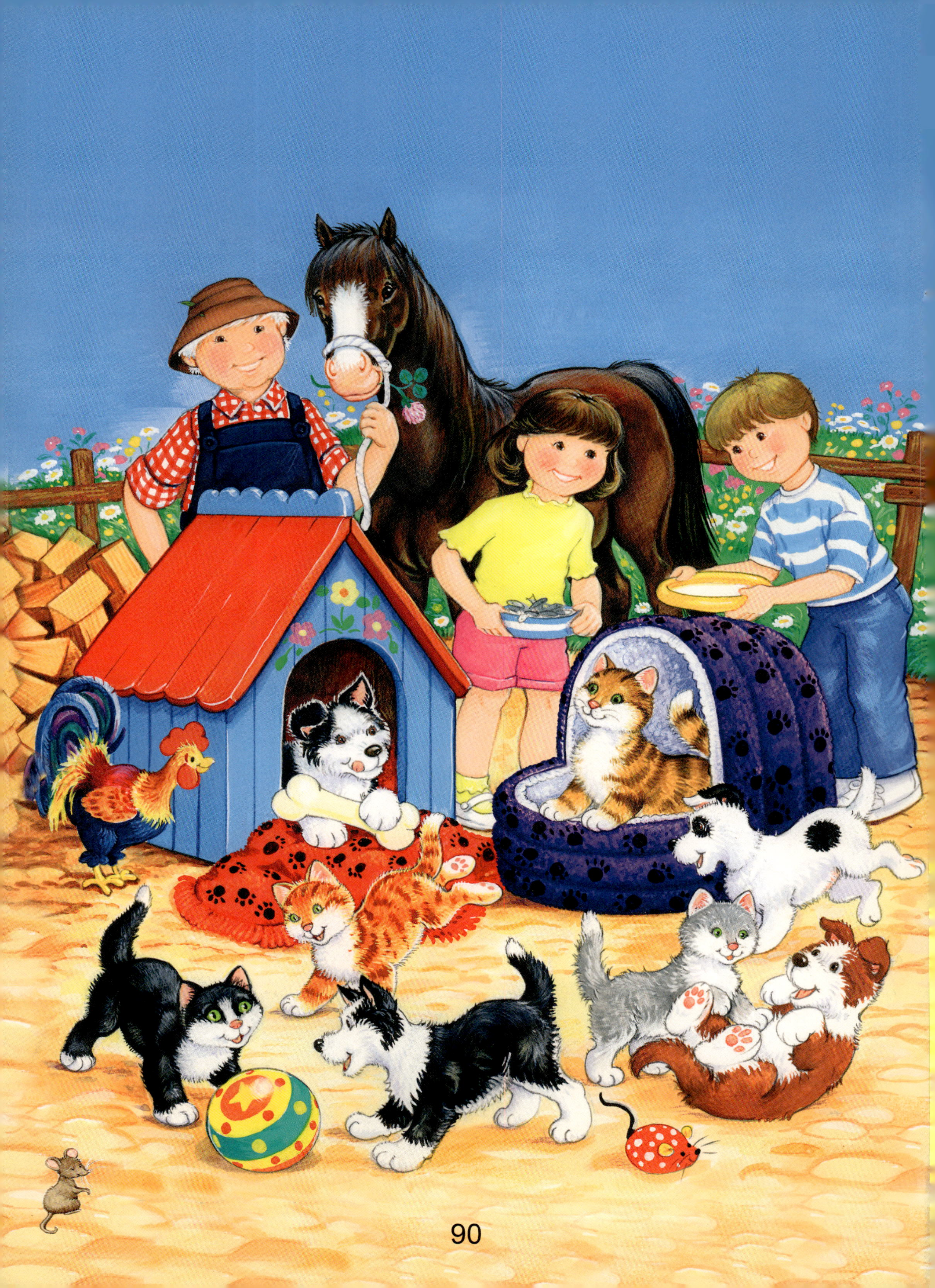

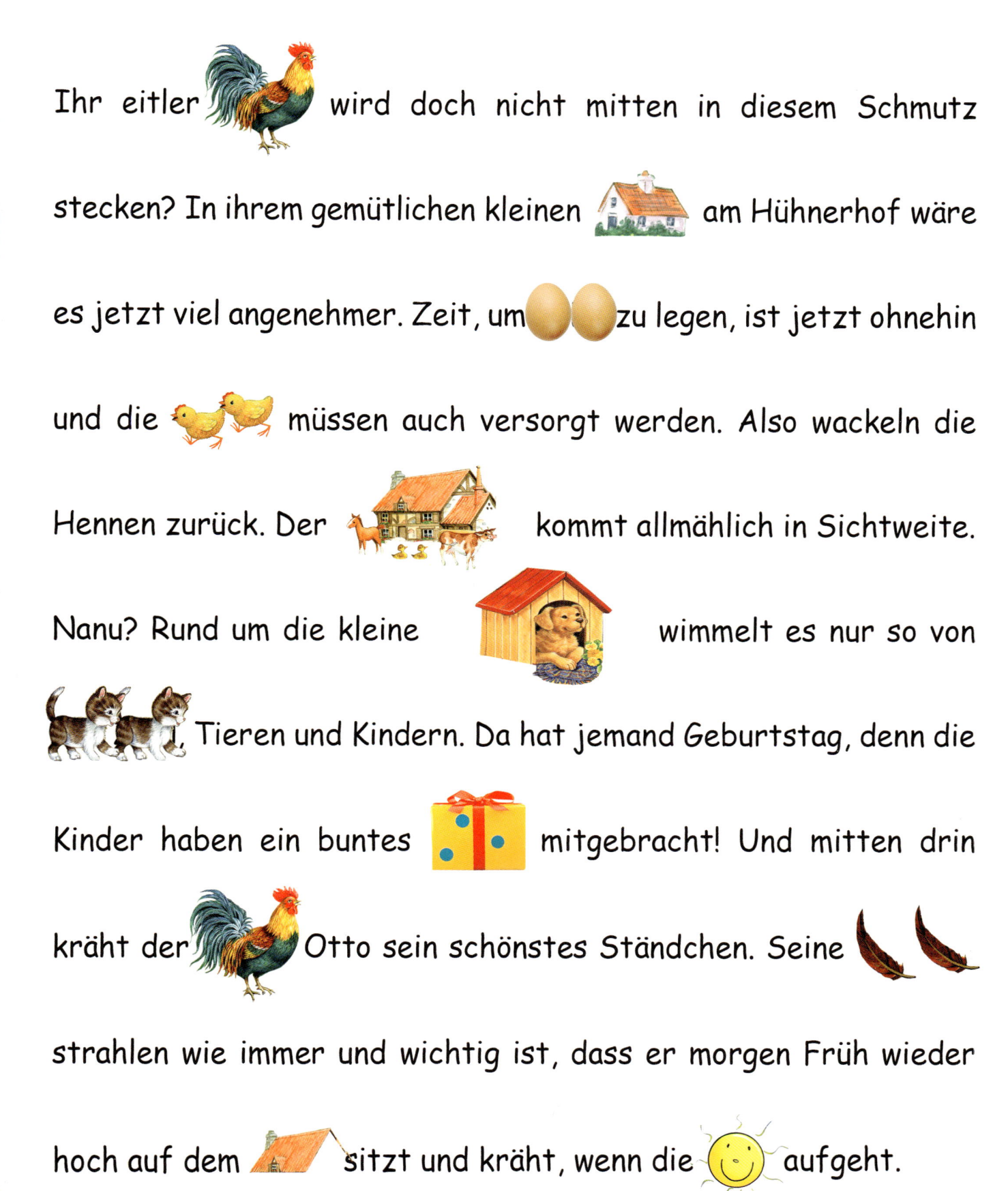

Ihr eitler 🐓 wird doch nicht mitten in diesem Schmutz stecken? In ihrem gemütlichen kleinen 🏠 am Hühnerhof wäre es jetzt viel angenehmer. Zeit, um 🥚🥚 zu legen, ist jetzt ohnehin und die 🐥 müssen auch versorgt werden. Also wackeln die Hennen zurück. Der 🏡 kommt allmählich in Sichtweite. Nanu? Rund um die kleine 🏠 wimmelt es nur so von 🐱, Tieren und Kindern. Da hat jemand Geburtstag, denn die Kinder haben ein buntes 🎁 mitgebracht! Und mitten drin kräht der 🐓 Otto sein schönstes Ständchen. Seine 🪶 strahlen wie immer und wichtig ist, dass er morgen Früh wieder hoch auf dem 🏠 sitzt und kräht, wenn die ☀️ aufgeht.

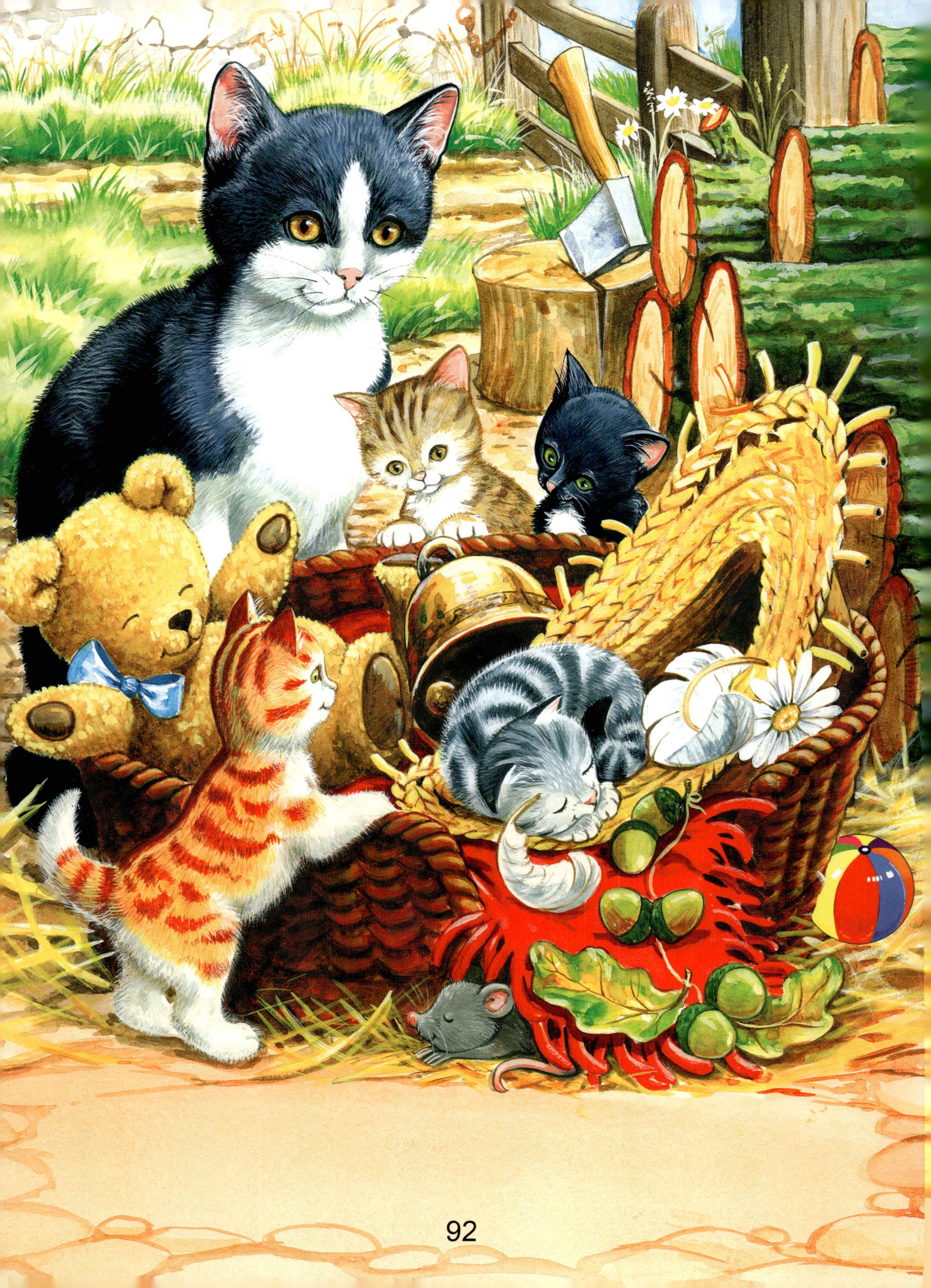

Die Katze Minki

Neugierig bahnt sich die 🐱 Minki einen Weg durch die 🌼🌸. Vorbei an den Disteln und den 🌳🌳, an den Kornblumen und dann noch eine Kurve um das Getreidefeld – und nun ist die 🐱 endlich am Ziel. Nanu? Dieses 🏠 kennt sie ja gar nicht! Im Hof steht eine wunderschöne 🐕‍🦺. Ob hier jemand wohnt? Minki späht vorsichtig durch das 🪟. „Wuff!" Lautes Bellen weckt Minki aus ihren Gedanken. Doch der treue 🐶 Niko schaut genauso verblüfft wie seine Freundin. Neue 🐕 hier in der Nachbarschaft? Er fürchtet um seine stets volle 🥣 vor seiner gemütlichen Wohnung. 🐱 Minki zeigt natürlich Mut. Die 🐶🐱 sehen so zutraulich aus, die können ja nicht böse sein.